LE

PORT DU CROTOY

7,549 — Abbeville, imp. R. Housse, rue Saint-Gilles, 106.

LE

PORT DU CROTOY

SON IMPORTANCE COMME STATION MARITIME

AU POINT DE VUE DE LA NAVIGATION ET DU COMMERCE DE LA SOMME

HISTOIRE

des luttes soutenues pour sa conservation et l'amélioration

DES PORTS DE LA SOMME

EXTRAIT DE

L'HISTOIRE DU CROTOY ET DE SON CHATEAU

PAR

FLORENTIN LEFILS

Membre de la Société de Géographie et de plusieurs Sociétés savantes

AUTEUR

des Histoires de Saint-Valery, de Rue, du Crotoy, de Mélanges sur l'Histoire du Ponthieu, de Recherches sur les côtes de la Morinie, etc., etc.

* * *

ABBEVILLE

RÉNÉ HOUSSE, IMPRIMEUR-ÉDITEUR

106, Rue Saint-Gilles, 106

1860

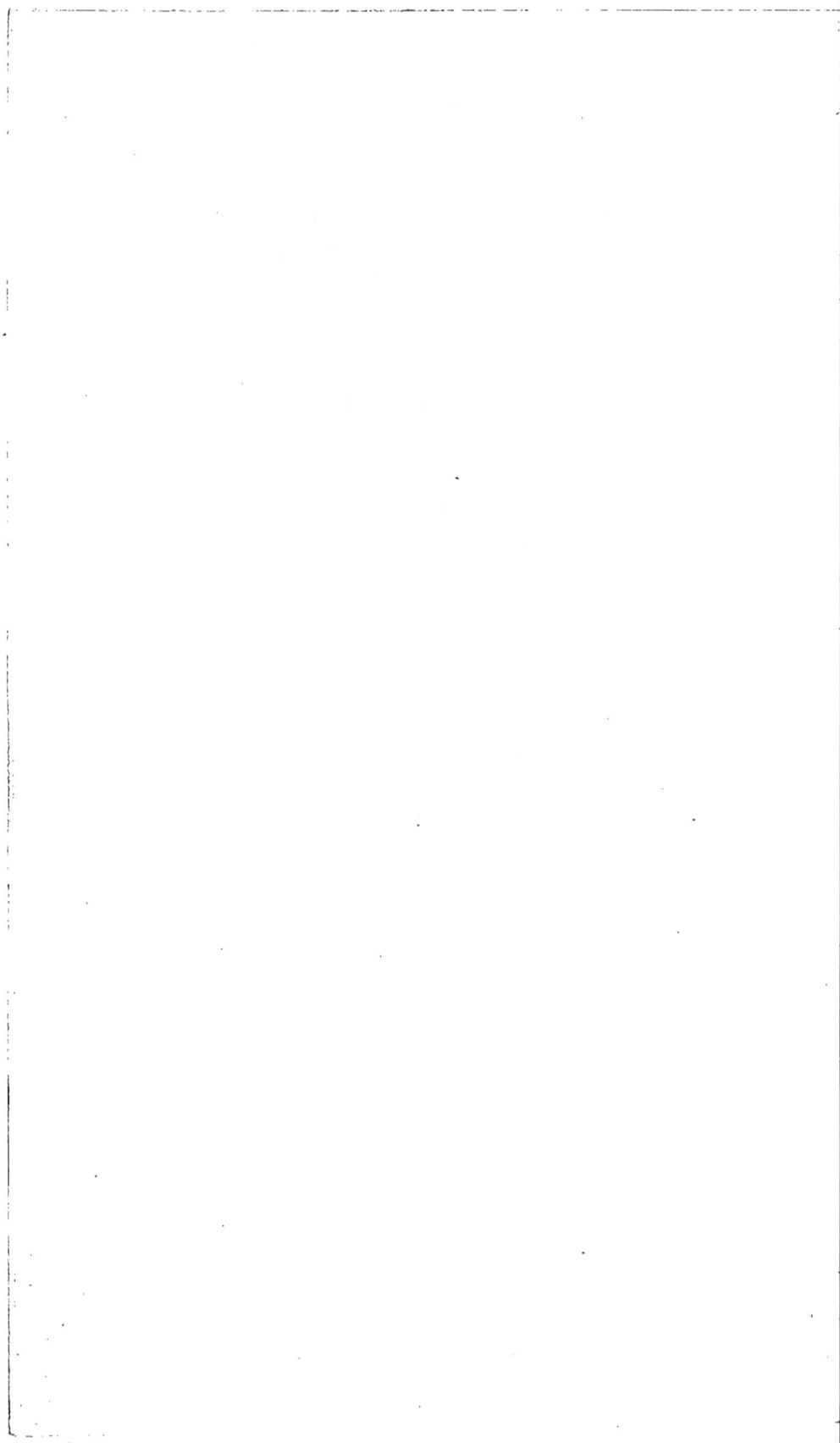

PRÉFACE

L'accueil fait aux histoires de Saint-Valery et de Rue, m'a engagé à mettre sous presse l'histoire du Crotoy dont je possédais les documents. La vue de ce lieu, qui tient une place si importante dans l'histoire des guerres du Ponthieu, en rappelle effectivement les sanglants épisodes, et pourtant on chercherait en vain les traces de son ancienne splendeur, et l'on se dit avec le poète :

> Bastions démolis, murailles renversées !
> Vieux remparts, hautes tours jusqu'au sol abaissées !
> Qu'ici tout est changé, le bronze meurtrier
> N'ébranle plus les airs de son fracas guerrier ;
> Le vieux donjon n'est plus, la bannière éclatante
> N'apparaît plus au loin sur les créneaux flottante,
> La garde au haut des murs ne veille plus la nuit,
> Et dans la cité morne, on n'entend aucun bruit.

Cette histoire se lie certainement à celles que nous avons déjà publiées des villes voisines, et pourtant les évènements en sont distincts, l'une ne rappelle aucunement les faits qui ont dû être relatés dans les autres.

1

L'histoire du château du Crotoy se détache en quelque sorte des annales du Ponthieu, et il est à regretter qu'il ne nous soit resté, sur cette forteresse qui renferma Jeanne d'Arc, que des fragments incomplets, dont l'ensemble eût été d'un grand intérêt.

Je me suis particulièrement étendu sur la question maritime de la baie de Somme à laquelle le port du Crotoy est naturellement lié, et qui, pendant un siècle, a fait l'objet de la préoccupation des hommes ayant quelques notions d'hydrographie et de navigation.

Dès 1825, habitué à fréquenter journellement cette baie à marée basse et à y reconnaître les phénomènes des courants et des vents dominants, j'observais la marche des alluvions en même temps que je retrouvais la trace des anciens rivages et des lits comblés de la Somme au moyen âge.

Cette étude pratique indiquait à mes yeux les parties de la baie dont il pouvait être tiré parti pour faciliter les mouvements de la navigation et obtenir un port constamment accessible et d'un entretien peu coûteux. Elle me démontrait aussi que les travaux suivis sur la rive gauche, conformément aux dispositions de l'arrêté royal du 18 octobre 1778, n'auraient qu'un résultat négatif parce qu'ils portaient la voie navigable sur le côté de la baie où il y aurait constamment à combattre le poids d'une alluvion déterminée par la conformation des rivages, la tendance des courants et la direction des vents qui soufflent dans ces parages pendant les trois quarts de l'année. J'entrevoyais que, dans la voie où l'on était engagé et où l'on paraissait vouloir persister, on dépenserait énormément d'argent pour déplacer les conditions normales de l'embouchure; après quoi, les avantages étant évidemment moindres, il faudrait des dépenses continuelles d'entretien et d'amélioration pour atténuer l'effet de la perturbation apportée dans le régime des eaux de la baie.

Plein de ma conviction, je crus qu'en m'adressant au conseil des ponts-et-chaussées, je ferais valoir ces considérations, qu'une étude consciencieuse serait faite d'après mes indications et que, dans l'intérêt du pays et aussi des fonds du Trésor, on reviendrait à la vérité qui était d'une évidence palpable.

Je me trompais. Trois suppliques successives restèrent sans réponse, et les travaux n'en continuèrent pas moins leur cours d'après le système suivi.

Alors, j'eus recours à la publicité. Je fis, en 1832, sous le pseudonyme du *Pilote de la Somme,* différents articles dans le *Journal d'Abbeville,* en vue de faire ressortir la vérité; je renouvellai cette polémique en 1844 dans le même journal et j'eus l'honneur d'y être réfuté par M. Mary, inspecteur divisionnaire des ponts-et-chaussées. Malgré le succès d'opinion publique qu'obtinrent mes articles, je ne pus triompher de la résistance de l'administration, qui, blessée dans son amour-propre, s'opiniâtra dans son système désastreux.

Je crus enfin être plus heureux en m'adressant à des personnages haut placés dont l'influence me paraissait devoir aider mes efforts. Il n'entrait dans mes vues d'autre intérêt que celui de la vérité et l'amour de mon pays. Je ne rencontrai qu'une attention stérile ou plutôt l'indifférence : on reconnaissait que j'étais dans le vrai; mais lutter contre le corps des ponts-et-chaussées, paraissait d'une audace prodigieuse : on me promit d'agir, mais on ne fit rien.

Cette polémique me fit cependant connaître quelques ingénieurs distingués : on n'était point fâché de voir un homme obscur qui faisait une opposition si acharnée au corps des hommes compétents. Peut-être était-ce dans l'espoir de le ridiculiser. Cependant je parvins à convaincre tous ceux que je vis séparément : on reconnaissait volontiers qu'on était dès l'abord entré dans une mauvaise voie; mais l'administration ne pouvait se méjuger, il fallait persévérer, dût-on tout perdre. C'est ainsi que dans notre siècle éclairé on traite un peu les grandes questions d'intérêt public.

J'avisai alors un autre moyen d'atteindre mon but. L'ancienne baie de Somme se comblait rapidement, les alluvions arrivaient à mâturité ; avant peu d'années on pourrait conquérir sur la baie quelques milliers d'hectares de lais de mer. Ne pouvait-on former une société qui se chargerait d'exécuter un plan d'amélioration de la navigation dans la Somme et à qui l'Etat concéderait en rémunération certaines parties de ces terrains ?

Aussitôt, mon plan fut dressé : l'Authie était dérivée au Crotoy; la Somme laissée à son cours naturel, à partir du quai de la Bourse à Saint-Valery, venait confluer au Crotoy avec les eaux de l'Authie ; la puissance du courant ainsi augmentée, le mouvement des eaux rentrait dans les conditions voulues par la direction du flux et du reflux, et on rétablissait en partie, ce qui était perdu.

Dès l'instant où je fis entrevoir qu'il y avait moyen de spéculation et de l'argent à gagner, les personnes que j'avais trouvées trop tièdes lorsqu'il ne s'agissait que de l'intérêt public, me prêtèrent une oreille attentive.

On fit des démarches au conseil des ponts-et-chaussées, auprès des ministres ; partout on obtint des promesses, on reçut de l'*eau bénite de cour ;* mais après des mois entiers d'attente, on rencontra des obstacles qui motivèrent le rejet du projet.

On était en 1850, j'obtins facilement une audience du chef de l'Etat, à qui je fus assez heureux pour démontrer le tort fait au pays et au Trésor public. J'obtins la promesse que cette question serait examinée avec attention. Le moyen que j'indiquais de rémunérer un travail public fut tellement bien goûté, qu'une compagnie puissante proposa à l'Etat d'exécuter l'embranchement de chemin de fer de Noyelles à Saint-Valery, moyennant la cession de quatorze cents hectares de lais de mer qui se trouveraient en amont du barrage. Ce travail devait hâter le comblement de la partie inférieure de la baie et surtout du port du Crotoy. La chambre de commerce d'Abbeville protesta. J'obtins alors une audience de l'Empereur qui promit de faire examiner la question par une commission spéciale.

Je publiai à cette époque plusieurs écrits et, entre autres, *la Vérité sur la baie de Somme,* brochure accompagnée de vues et de plans représentant la baie et ses ports sous ses différents aspects de marée haute et de marée basse.

Je vis aussi le ministre des travaux publics qui, après avoir suivi mon raisonnement sur le barrage et sur la situation du Crotoy, et l'avoir combattu, me dit :

— Ce que vous annoncez peut être vrai ; mais je suis ministre des travaux publics, si je dois me tromper dans cette question, j'aime mieux me tromper avec le conseil des ponts-et-chaussées que de me tromper avec vous, qui êtes étranger à l'administration.

Cette visite le détermina pourtant à envoyer sur les lieux une commission composée de MM. Froissard, ingénieur des ponts-et-chaussées ; Trotté de la Roche, ingénieur hydrographe, et Bouet-Willaumez capitaine de vaisseau. La commission fut d'avis de reculer le tracé du chemin de fer en face de Grand-Port au lieu de l'établir de Noyelles à Saint-Valery.

Après tant d'approbation diverses, je pouvais espérer de voir enfin mes efforts arriver à un résultat. Je demandais la concession de lais de mer pour un travail d'amélioration des ports de la Somme et pourtant j'échouai parce que le corps des ponts-et-chaussées m'était opposé. La compagnie du Nord faisant la même proposition avec l'assentiment du même corps pour un travail qui compromettait la navigation, réussit ; les 1400 hectares lui furent concédés avec l'autorisation de faire l'embranchement de Saint-Valery.

L'Empereur, comprenant les avantages de la dérivation de l'Authie au Crotoy, avait, en même temps, donné des ordres pour que cette opération fut étudiée. Les ingénieurs se mirent immédiatement à l'œuvre ; mais les études, les enquêtes, les commissions et autres formalités préalables durèrent cinq ans. Pendant ce temps une société de capitalistes s'était formée, qui était prête à exécuter les travaux moyennant la concession de trois mille hectares de lais de mer. La compagnie avait du crédit auprès du corps des ponts-et-chaussées ; on l'assurait que la concession serait donnée sans inconvénient ; mais tout-à-coup, au moment où on attendait le décret et où l'on était prêt à mettre la main à l'œuvre, une lettre du ministre me fait connaître que le conseil général ayant statué, il n'y avait point lieu à donner suite au projet [1].

Indigné autant qu'étonné de cette décision inattendue, j'en appelai de nouveau à l'Empereur qui me reçut aux Tuileries, le 21 février 1859.

Sa Majesté, qui me reconnut à mon approche, fit deux pas au devant de moi et me dit :

— Eh bien! vous venez encore me parler du Crotoy ?

---

[1]   A M. LEFILS, propriétaire au Crotoy.

Paris, le 14 mars 1859.

MONSIEUR,

Vous avez proposé, au nom d'une Compagnie, de vous charger, sous certaines conditions, de l'exécution du projet de dérivation de la rivière d'Authie dans le port du Crotoy.

Ces travaux, qui déjà ont fait l'objet d'une soumission présentée par MM. Vavin, Noël, de Beaumont et consorts, n'ont pas paru de nature à être autorisés, à raison des nombreuses objections que le projet a soulevé dans les enquêtes, et qui peuvent se résumer ainsi qu'il suit :

La suppression de la baie d'Authie entraînerait la ruine de la pêche, attendu que c'est dans cette baie que les pêcheurs trouvent les amorces qui leur sont nécessaires pour leur industrie, que c'est un lieu de refuge pendant la tempête.

Le projet substitue à une rivière d'une pente très rapide, un canal d'une pente à peu près nulle qui s'envaserait très promptement. Les sables qu'apporteraient la Maye et l'Authie dans les nouvelles conditions où les place le projet, auraient bientôt envahi la baie de Somme. Enfin la dérivation de l'Authie et la construction d'un bassin de chasse au Crotoy profiteraient exclusivement à ce port au détriment du reste de la vallée. Or, le port du Crotoy, sans issue du côté de la mer, sans débouché du côté des terres, ne mérite pas qu'on sacrifie pour son amélioration les intérêts de toute une vallée qui compte plus de 4,000 habitants.

MM. les Ingénieurs se sont rangés à cette opinion. Ils ont partagé les craintes des populations en ce qui touche l'ensablement des terres fertiles de la baie. — MM. les Ingénieurs ont estimé la dépense à 1,900,000 fr. et porté à 1,265,000 fr. la valeur des terrains

— Oui, Sire, répondis-je, ce pauvre pays est bien maltraité.

— Je ne sais pourquoi ils ne veulent point travailler là ? ajouta l'Empereur en indiquant sur la carte la position du Crotoy.

— Je le sais moi, et si Votre Majesté veut me le permettre, je le lui dirai en deux mots. On ne veut point travailler au Crotoy, parce que faire la moindre chose pour l'amélioration de ce port, serait démontrer par le fait l'erreur de quatre-vingts années. On ne travaillera

qui seraient abandonnés aux concessionnaires qui se chargeraient d'exécuter les travaux de dérivation. Mais il faut remarquer qu'une partie de ces terrains est revendiquée par des propriétaires dont les titres paraissent incontestables, et que l'Etat ne pourrait pas disposer de ces terrains. Quoi qu'il en soit, l'exécution du projet entraînerait pour l'Etat une dépense de 1,900,000 fr., soit en argent, soit en terrains. Or, cette dépense ne paraît nullement en rapport avec les avantages à obtenir.

Le Conseil général des ponts-et-chaussées, appelé à examiner cette affaire, a fait observer que la dépense de la construction d'un bassin de chasse au port du Crotoy semblait bien considérable, eu égard au peu d'importance de ce port, et que l'étude demandée pour ce bassin aurait l'inconvénient de faire concevoir aux populations des espérances qui, selon toute probabilité, ne se réaliseront jamais. Le Conseil a ajouté que la concession des terrains de la baie de Somme compromettrait les projets d'amélioration de cette baie.

Par ces motifs, le Conseil a été d'avis que les canaux de dérivation des rivières de l'Authie et de la Maye auraient de graves inconvénients pour la baie de l'Authie, et occasionneraient des dépenses qui ne seraient nullement en rapport avec les avantages qu'ils procureraient pour la navigation et pour le dessèchement du Marquenterre, et qu'ainsi il n'y a pas lieu de donner suite à ce projet.

J'ai donné mon approbation à cet avis du Conseil général des ponts-et-chaussées. — Il n'y a pas lieu dès lors, Monsieur, de donner suite à votre proposition.

Recevez, Monsieur, l'assurance de ma parfaite considération

Le ministre de l'Agriculture, du Commerce et des Travaux publics,

Rouher.

au Crotoy que si votre Majesté l'ordonne positivement.

L'Empereur se fit rendre compte de tous les détails de l'affaire et promit de s'en occuper.

J'eus encore l'occasion de lui dire :

— On dira à votre Majesté que tout est pour le mieux, que jamais la navigation n'a été plus florissante. Malheureusement, en administration, il y a deux langages, le langage officiel d'après lequel on déclare que tout est bien, et le langage privé qui est celui de la vérité et dans lequel on avoue ses fautes. Il en est ainsi pour les travaux de la Somme et quoique on dise du beau résultat des travaux, on reconnaît qu'on est dans une fausse voie; mais que pour la dignité du corps, il faut y persévérer.

Le lendemain une dépêche télégraphique enjoignait aux ingénieurs du département d'avoir à se rendre aux Tuileries, où ils se trouvèrent en effet avec le ministre des travaux publics.

Il ne m'a point été permis de connaître les détails de cette entrevue ; mais immédiatement une nouvelle étude était faite au Crotoy, non pas pour la dérivation de l'Authie dont le projet était officiellement rejeté, mais pour exécuter, en amont de ce port, un bassin de retenue dont l'effet égalerait, disait-on, la force des eaux de l'Authie.

Déjà dix-huit mois se sont écoulés, les études sont faites; mais les formalités administratives ne sont pas encore terminées, et pourtant depuis longtemps il y a urgence que les travaux soient exécutés.

J'ai fait jusqu'ici tout ce qui a été humainement possible pour faire triompher la vérité, pour assurer la prospérité du pays. Si, malgré tant de persévérants efforts, la navigation à l'embouchure de la Somme n'est pas aujourd'hui plus commode et plus suivie ; si le commerce n'y a pas pris tout le développement qu'il pouvait avoir, que la faute en retombe sur ceux qui ont mis leur amour-propre et leurs intérêts privés au-dessus de la grandeur et de la gloire du pays.

FL. LEFILS.

I

Au milieu des désordres et des brigandages du moyen-âge, le commerce avait entretenu des rapports pacifiques entre les nations : on peut même dire qu'il avait préparé les voies de la civilisation en s'opposant à tous les actes barbares de luttes et de guerres propres à entraver ses opérations. C'est lui qui construisit des routes, qui rendit les rivières navigables, qui choisit les ports et les améliora; c'est lui qui protégea les moyens de transport, soit par terre, soit par mer. Et la masse, qui en profita, tourna les yeux vers une ère meilleure, celle de la concorde et de la liberté.

Alors donc que le Crotoy perdait par la destruction de son château toute son importance militaire, il s'en manifestait pour lui une autre comme port de mer à l'embouchure de la Somme.

La baie de Somme s'ouvre au Nord-Ouest, entre les pointes de Saint-Quentin et du Hourdel ; celle-ci, formée par l'apport des galets qui se détachent des falaises de la Normandie, tend à s'allonger dans la baie en refoulant le courant de la Somme sur la rive droite [1] ; l'autre, formée de l'amoncellement des sables poussés par les vents d'Ouest, tend au contraire à se projeter au large : il en résulte que les deux pointes de l'entrée ne sont point sur un plan régulier, que celle du Hourdel pénètre très-avant dans la baie, pendant que la pointe de Saint-Quentin s'allonge à la mer.

[1] M. Traullé, qui avait aussi étudié la question des eaux de la Somme, explique ainsi ce fait : En 1780 une révolution s'opère dans la baie de Somme et dans la Manche ; la mer, rongeant plus que jamais les falaises de Dieppe et du bourg d'Ault, les galets que multiplie cette érosion s'accumulent successivement sur le banc du Hourdel ; l'effet de cette marche rapide est d'élargir le cap du Hourdel et de le faire avancer vers le Marquenterre et les dunes de Saint-Quentin, de rétrécir l'embouchure de la baie, d'en former en quelque sorte une seconde dans la première, de laisser arriver moins d'eau qu'auparavant dans la baie, de porter toute la masse de cette eau sur le Crotoy, d'approfondir la seconde baie ou le côté du Crotoy, de faire monter le flot de ce côté longtemps avant qu'il puisse arriver de l'eau sur Saint-Valery, de former un large golfe entre ce cap avancé du Hourdel et de Saint-Valery, d'y laisser dormir l'eau, de laisser aux sables la faculté de combler ce golfe que le courant ne peut plus balayer, de contraindre la mer de sapper les dunes de Saint-Quentin, côté du Crotoy, de renverser leurs sables et de s'en ressaisir pour les ramener en baie et ajouter au comblement. (*Abrégé des annales du commerce de mer d'Abbeville.* Traullé, page 22.)

Sur la rive droite, près de l'embouchure, la côte forme un enfoncement qui s'étendait autrefois jusqu'à Rue et qui sert de décharge à la petite rivière de Maye. Cette seconde baie s'ouvre dans l'estuaire de la Somme, entre la pointe de Saint-Quentin et la pointe de Saint-Pierre derrière laquelle se trouve le Crotoy.

Il résulte de cette disposition topographique que le Crotoy se trouve à l'extrémité d'une pointe formant presqu'île, qui s'allonge de la rive droite dans le milieu de l'embouchure de la Somme.

Les eaux de la marée, qui viennent de l'Ouest, en pénétrant dans la baie de la Somme, sont, par le fait de l'impulsion du courant et des vents dominants, portés vers la pointe derrière laquelle s'abrite le Crotoy. Au retour du jusant, les mêmes causes les appuient encore sur cette pointe. On conçoit dès-lors que quand les eaux s'étendaient jusqu'au-delà d'Abbeville, il s'opérait sur la pointe un mouvement considérable des courants de flux et de reflux, favorable aux mouvements de la navigation sur ce côté de la baie.

Ces détails, qui concernent particulièrement le chenal maritime du Crotoy, font ressortir les avantages de sa position ou plutôt de son abord. Le port est formé par l'affluence de quelques petits ruisseaux qui proviennent des marais et de l'ancien

2

étang de Rue et qui entretiennent, à l'Est de l'ag-
glomération des habitations, où se trouvait autrefois le château, une petite rigole, creusée dans un
fond vaseux très-commode pour la posée des navires qui n'y fatiguent pas, et parfaitement à l'abri
de tous les vents soufflant depuis le Sud-Ouest
jusqu'à l'Est en passant par le Nord.

On conçoit dès-lors l'avantage de cette position
pour la navigation dans l'embouchure, soit pour
l'entrée soit pour la sortie, surtout lorsque le courant de la Somme, qui affectionnait principalement
la rive droite, venait creuser le port et le déblayer
des sables qui le séparaient de la haute mer. C'é-
tait, sous le rapport commercial, une position qui
n'avait pu être négligée jusqu'alors que parce que
le Crotoy n'était presque qu'une île et que les com-
munications avec l'intérieur étaient impossibles et
presque nulles. Le port de la Somme était donc à
Saint-Valery où existait une ville avec tous ses
avantages et ses facilités de communication ; mais
le port d'arrivée, le port de relâche, le port d'appa-
reillage était toujours le Crotoy, soit que la Somme
passât près de ses quais naturels, soit qu'elle en
fût éloignée.

Une étude sérieuse des dispositions hydrographiques de la baie devait donc attirer l'attention du
gouvernement sur la position du Crotoy et en faire

un établissement utile à la marine et au commerce de la Picardie; mais les connaissances hydrographiques étaient alors encore très peu avancées; les ports n'étaient que des criques où, en général, l'art de l'ingénieur avait une part très-restreinte. Le Crotoy, isolé au milieu de ses marais, semblait à peine appartenir à la France et ne pouvait attirer l'attention des hommes chargés des grands intérêts publics.

Cependant l'exemple des Anglais, qui commençaient à tirer un merveilleux parti de leurs criques et des moindres anses de leur rivage maritime, éveilla l'attention du gouvernement français. Richelieu se sentit jaloux de cette suprématie maritime; il voulut aussi créer des ports afin d'avoir des flottes et de pouvoir rivaliser de puissance avec ceux qui se prétendaient déjà les maîtres de la marine. A cet effet, en qualité de grand maître du commerce et de la navigation du royaume, il chargea, en 1639, M. de Caen, sergent de bataille de l'armée navale, de porter à Rouen, à M. d'Imfreville, conseiller du roi et commissaire général de la marine, l'ordre « de se transporter, » accompagné dudict sieur de Caen et du sieur » Daniel, capitaine de marine, en la ville de Chal- » lais, pour audict lieu prendre le sieur Regnier » Jenssen le jeune, ingénieur du roy, pour dudict

» lieu aller le long des costes de Picardye et de
» Normandye jusques à Cherbourg, pour voir et
» recognoistre quelz lieux on trouveroit plus pro-
» pre et commode pour bastir et construire un
» port, affin de retirer les vaisseaux du roy..... »
Suit un long détail des vérifications auxquelles de-
vront se livrer les commissaires, et ceux-ci ont « de
» tout faict procès-verbal, pour être présenté à
» son Eminence et être ordonné par Sa Majesté à
» ce qu'il appartiendroit [1]. »

Le seigneur d'Imfreville et les autres commissaires suivirent la côte depuis Calais et passèrent
au Crotoy sans s'y arrêter, à cause, dit le procès-
verbal de leur voyage, du mauvais état dans lequel
se trouvait cette ruine et les chemins qui y condui-
saient.

Les commissaires s'arrêtèrent à Saint-Valery et
questionnèrent les principaux marins du pays sur
la situation de la baie de Somme et sur les endroits
qui pourraient convenir à l'établissement d'un port
du roi. Le rapport conclut à la nullité du port de
Saint-Valery, mais il ajoute cependant par post-
scriptum :

« N'est point parlé du *Crottoir*, à cause qu'il est
» subject à la mesme rivière, auquel lieu, toute-

[1] B. N. Mss. bibl. imp. Petit in-folio. S. E. 87.

» fois, les navires du même tirant peuvent aborder
» et eschouer sur des vases qui sont proches les
» portes qui regardent Abbeville, lequel abord est
» beaucoup plus commode que celui de Saint-
» Valery [1]. »

Dans un autre rapport, M. d'Imfreville s'étend davantage; il pense que les galères du roi pourraient venir au Crotoy s'échouer sur la posée de vase dont nous avons parlé plus haut, et qui lui paraît des plus convenable pour leur retrait, parce qu'elles y seraient commodément et à l'abri de tous les évènements de mer et de l'ennemi; il est d'avis que pour les protéger, il serait important de mettre la place du Crotoy en état de se défendre d'elle-même, et il suffirait à cet effet de l'établir de manière qu'elle pût résister à un coup de main, « parce que les ennemys ne sauraient y venir par » mer avec d'autres dispositions. » Il propose une batterie à Cayeux; mais comme les ennemis pourraient s'abriter au hâble d'Ault et marcher sur le Crotoy, en passant par Saint-Valery, « qui n'a que de mauvaises murailles, » il propose de fortifier le Crotoy avec de bons retranchements et des palissades dans lesquelles on mettrait du canon. Puis une bonne batterie pour défendre l'entrée du hâble [2].

[1] *Mémoire de d'Imfreville.* Bibl. imp. manus.
[2] *Dépôt des cartes de la marine.* D'IMFREVILLE, carton 20, n° 14.

Le lieutenant-général, comte de Vault, considérait aussi le Crotoy comme d'une grande importance militaire. « On peut, dit-il, mettre deux pièces de
» canon sur une terrasse élevée au Crotoy, où il y
» a un port assuré pour les barques, et deux autres
» pièces sur une tour de Saint-Valery, moyennant
» quoy, rien ne pourrait passer entre Saint-Va-
» lery et le Crotoy [1]. »

Colbert, qui s'intéressait beaucoup à la marine, renouvela la même investigation que celle dont d'Imfreville s'était occupé sans résultat; ce fut Gobert qui en fut chargé, mais celui-ci trouva l'entrée de la Somme dans un mauvais état, et ne crut point à la possibilité de faire un port ni au Hourdel, ni à Saint-Valery, ni au Crotoy. Selon son rapport, il ne pouvait entrer que des navires de 70 à 80 tonneaux dans les plus grandes marées, et lesdits navires ne pouvaient aborder qu'au Crotoy où ils se mettaient à l'abri de la citadelle [2].

Cependant, la nécessité d'avoir un bon port de refuge entre le Havre et le Pas-de-Calais se faisant de plus en plus sentir, les investigations des hommes compétents recommencèrent. En 1690,

[1] *Archives de Picardie*, tome II, page 122.
[2] *Remarques de Gobert sur les ports de Picardie, suivant l'instruction de Colbert*, 1665. *Dépôt des cartes de la marine*. carton 20, port. 99.

MM. Bourdin et Brémont, ingénieurs de la marine, vérifièrent l'état des ports de la Somme. M. Bourdin constata que les navires qui entraient en Somme « n'abordaient jamais à Saint-Valery, mais allaient » toujours mouiller au Crotoy, où ils étaient par- » faitement en sûreté [1]. On y est abrité, dit-il, de » tous les vents de l'E. à l'O. en passant par le » N. et on n'a à craindre que ceux du S. E. On » pourrait y mouiller à la fois quinze à vingt bâ- » timents de 300 tonneaux au plus, bien entendu » qu'ils s'échouent à mer basse. La mer monte de » vingt-cinq pieds tant à Saint-Valery qu'au Cro- » toy, dans les grandes marées; et même de vingt- » huit pieds dans ce dernier port. Dans les marées » ordinaires elle monte de 15 à 18 pieds, et dans » les mortes eaux de 8 à 10 pieds au Crotoy.

» Les navires qui ne tirent que 10 pieds d'eau » peuvent appareiller du Crotoy dès que le vent » est favorable; mais il n'en est pas de même à » Saint-Valery, et ceux qui tirent six pieds ne peu- » vent en partir de mortes-eaux. Ils n'ont, dans les » grandes marées que douze à treize jours pour » partir, quand le vent le permet. S'il ne fait du » vent d'amont quand la mer décroit, on perd » deux ou trois jours.

[1] *Dépôt des cartes de la marine*, carton 16, n° 27.

M. Bremont observe que, lors même que la
Somme passe à Saint-Valer, et permet aux navires
d'y aborder, le chenal revient encore au Crotoy ou
non loin du Crotoy; et alors dans tous les cas, il
monte plus d'eau sur cette rive que sur la rive
gauche. « Le Crotoy est donc moins un port qu'un
» abri, dit-il, où se réfugient les grands navires
» chargés pour Saint-Valery; l'éloignement actuel
» de la Somme leur rendant l'entrée de ce port
» difficile, ils attendent au Crotoy une marée favo-
» rable pour s'y rendre [1]. »

Le désastre de la Hougue, en perdant plusieurs
vaisseaux français faute de refuge pour les recevoir, fit encore sentir plus impérieusement l'insuf-
fisance des côtes françaises de la Manche pour la
sûreté d'une flotte et de sa navigation.

Il fallait nécessairement y pourvoir. Les investigations recommencèrent. En 1709, Langeron,
reprenant le projet de d'Imfreville, cite le Crotoy comme le port le plus favorable au mouillage
des bâtiments du roi. « Le Crotoy est, du
» reste, dit-il dans son rapport, un lieu qui
» mérite attention, attendu que si les enne-
» mis s'en emparaient, ils seraient les maîtres
» de la rivière et pourraient aisément s'y main-

---

[1] *Dépôt des cartes de la marine.* BRÉMONT, 1690, carton 20, n° 6.

» tenir de la manière dont le lieu est situé [1]. »

A Langeron succéda le chevalier de Clerville, qui appelle aussi l'attention du gouvernement sur la station du Crotoy. « C'est là, dit-il, que mouil-
» lent les navires destinés pour Abbeville, lesquels
» refusent d'aller à Saint-Valery. Il y a pourtant
» plus d'eau sous le château du Crotoy qu'à la rive
» de la Ferté. Aussi peut-on y bâtir des navires de
» 300 à 400 tonneaux, des bois qu'on y peut faci-
» lement amener de la forêt de Crécy, et il y a
» belle commodité pour les varer et les mettre à
» l'eau aussi bien que pour les en sortir.

» Aussi les six vaisseaux et les dix grandes
» gribannes appartenant à plusieurs particuliers
» d'Abbeville, lesquels s'y retirent d'ordinaire,
» sont-elles, aussi bien que les vaisseaux, d'un port
» plus considérable que ceux de Saint-Valery dont
» les plus grands n'excèdent pas cent tonneaux,
» au lieu que ceux du Crotoy vont jusqu'à 200 et
» 300 tonneaux [2].

Cette commodité d'abord au port du Crotoy et les facilités que procurait le voisinage de la forêt de Crécy pour les constructions maritimes firent songer

---

[1] *Projet de port à l'entrée de la Somme.* LANGERON, 1709. *Dé-pôt des cartes de la marine,* carton, 20, n° 46.
[2] *Mémoire du chevalier de Clerville.* Collect. de Colbert, bibl. imp. manus.

aux moyens de suppléer au mauvais état des chemins par un moyen de transport plus sûr et moins coûteux que les charrois. Dès 1690, on émet le projet d'un canal qui s'étendrait jusqu'à la forêt de Crécy et peut-être même jusqu'à l'Authie.

Avant cette époque, il y avait au Nord du Crotoy un canal assez large et assez profond où se retranchaient les navires comme en un bassin ; mais ce canal s'était envasé par la négligence qu'on avait eue de l'entrenir. M. de la Vallée dit qu'il y avait plusieurs moulins le long de ce canal, ce qui nous fait supposer qu'il était entretenu par l'eau courante de la Mayette. « Ces moulins, dit-il, appor-
» taient un grand avantage aux habitants voisins,
» ce qui causait un autre bien plus considérable
» pour les sujets voisins de Sa Majesté et pour les
» habitants des villes d'Abbeville et de Saint-Va-
» lery pour le transport des bois qui se faisoit des
» forêts voisines par la rivière de Somme et qui ne
» se peuvent plus transporter que par charrois, ce
» qui augmente le prix des bois de plus de moitié. »

M. de la Vallée indique ensuite les moyens de faire un canal navigable, et nous employons ses propres termes à cause des lieux qu'il indique et qui nous sont pour la plupart inconnus.

« Pour mettre ce canal dans son premier estat,
» dit-il, et pour y faire décharger toute la rivière

» de Rue, il faut ouvrir ledit canal depuis le mou-
» lin de Rue jusques au *Mont Cajot*, qui est d'en-
» viron un quart de lieue sur la largeur de vingt-
» quatre pieds et de quatre à cinq pieds de pro-
» fondeur estant commencé ; et depuis ce mont
» cajot jusques aux *trois harans*, il y a un demi-
» quart de lieue à faire comme ci-devant; et depuis
» les trois harans jusques au *pont Sanequin*, il y a
» encore un quart de lieu de distance qu'il faut
» rouvrir comme dessus; et depuis ledit pont Sa-
» nequin jusqu'à *Majorq*, un demi-quart de lieue
» qu'il faut aussi rouvrir; et depuis ledit mont de
» Majorq jusques à la décharge dudit canal dans
» le havre du Crotoy, il y a près d'une lieue de
» canal ouvert, où il ne faudra que la profondeur
» de deux pieds de louchet.

» Rétablissant ce canal, il pourroit aporter une
» utilité très-considérable, en nétoyant le havre
» dudit lieu et entraînant la vase et le sable que la
» mer y apporte continuellement, et si cela se pou-
» vait faire, comme il y a beaucoup d'apparence,
» le havre se rendroit considérable pour l'abord
» des vaisseaux [1]. »

D'après ces détails qui accompagnaient un plan de
la ville et du château du Crotoy, un canal aurait

[1] Comité des fortifications, à Paris *Place du château du Crotoy*, 1692. DE LA VALLÉE.

existé autrefois de Rue au Crotoy, et ce canal, en
1692, était encore tracé du Crotoy jusqu'à Mayoc,
sur une profondeur de trois à quatre pieds, puis-
qu'il ne fallait que *deux pieds de louchet* pour lui
donner une profondeur navigable.

On commençait déjà, comme on le voit, à s'in-
quiéter de l'amélioration des ports; et si des études
sérieuses avaient été faites de la position du Crotoy,
sans prévention, sans intérêt de localité, il est hors
de doute qu'on eût créé sur ce point un établissement important qui eût rendu de grands services à
la navigation dans la Manche et au commerce du
Nord de la France. Mais de grands intérêts s'agi-
taient sur l'autre rive, à Saint-Valery-sur-Somme :
là étaient les grands établissements maritimes et
commerciaux; des entrepôts, des magasins, des
corderies, puis des négociants, des commissionnaires Amiénois qui voyaient avec effroi l'envahis-
sement de leur port par une alluvion considérable,
continuation de celle qui s'était formée vers Cayeux
et que le prolongement de la pointe du Hourdel
faisait avancer progressivement sur toute la rive
gauche, où elle envahissait déjà les abords du port
de Saint-Valery. Les négociants de ce port s'en-
tendirent à l'effet de charger un ingénieur, M. Coquart, de dresser les plans d'un projet propre à les
préserver de la perte totale dont leur port était

menacé; M. Coquart fit le plan d'un port dans la vallée d'Amboise[1]. Mais il donna aussi son avis sur les variations de la Somme.

« Quoique la Somme, dit-il, occupe assez cons-
» tamment le rivage du Crotoy, les coups de vent
» forcés changent quelquefois son lit. J'ai remar-
» qué à différentes fois ce changement qui n'est
» pas bien sensible, cela n'arrive que dans les
» coups de vent de O. S. O., que la lame poussée
» aux dunes de l'église Saint-Pierre est renvoyée
» au cap Cornu, et par ce choc prend une autre
» direction vers le fort du Crotoy et y pousse
» des sables qui élargissent le banc de séparation
» et approchent de ce rivage le cours de la
» Somme[2]. »

Les habitants d'Abbeville, également affectés du mauvais état de l'entrée de la Somme, présentent en 1734 au conseil du roi un mémoire pour obtenir que les navires de leur commerce ne soient point obligés d'aller payer les droits au bureau de Saint-Valery, attendu qu'il leur arrivait souvent de graves avaries dans le trajet du Crotoy à Saint-

[1] Ce plan et le rapport qui y est annexé existe à la bibl. impériale, section des manuscrits, sous le titre : *Projet d'établissement d'une retenue propre à déboucher le port de Saint-Valery-sur-Somme, que la mer a ensablé depuis quelques années.*

[2] *Projet d'établissement d'une retenue propre à déboucher le port de Saint-Valery-sur-Somme que la mer a ensablé depuis quelques années.* COQUART, 1738. Bibl. imp. manus.

Valery; que le Crotoy est l'avant-port naturel d'Abbeville et non celui de Saint-Valery que les sables obstruent de plus en plus.

Il résulte de ces faits que le port de la Somme n'était pas à Saint-Valery, mais bien au Crotoy. D'après Piganiol de la Force, dans sa *Nouvelle description de la France* [1], le port de Saint-Valery était établi au Crotoy.

Si, dès cette époque, les intérêts de l'Etat avaient été bien servis, on eût considéré que le port réel de la Somme n'était pas à Saint-Valery mais au Crotoy; que l'ensablement dont on se plaignait n'avait point lieu au Crotoy, mais à Saint-Valery seulement. S'aidant de cette vérité les études se fussent portées, abstraction faite des intérêts de localité, sur le point où les travaux d'amélioration devaient porter des résultats certains; Saint-Valery eût sans doute occupé une place secondaire, mais les grands intérêts de la province et de la marine étaient sauvés; l'embouchure de la Somme conquérait un bon port.

[1] *Nouvelle description de la France,* tome II, page 409.

II

Pendant que le port du Crotoy, riche de ses avantages naturels, était le salut de la navigation dans la Somme, la sauve-garde du commerce de la Picardie, et que le port de Saint-Valery, condamné par la nature, s'effaçait lentement derrière la progression alluviale de la rive gauche, des projets se préparaient pour bouleverser l'ordre de la nature, pour perdre le port ignoré du Crotoy et raviver, s'il était possible, celui de Saint-Valery.

Le commerce, triomphant des luttes barbares du moyen-âge, avait tourné les esprits vers la création de choses utiles au bien-être général ; on avait entrevu que la rivière de Somme était un moyen de communication intérieure commode entre la mer et

les villes manufacturières d'Abbeville, d'Amiens, de Saint-Quentin et autres ; elle pouvait étendre davantage ses relations, mais à cet effet il fallait, sur toute son étendue, rendre son cours navigable, le canaliser et le faire communiquer avec d'autres cours d'eau afin de faire profiter les contrées voisines des avantages de ses ports de mer. La création d'un bon port à l'embouchure du fleuve devenait donc une nécessité ; l'intérêt général voulait qu'on l'établit au Crotoy ; l'intérêt particulier et l'ignorance s'élevèrent pour donner la préférence au port de Saint-Valery.

Sans doute que l'influence de la ville prévalut ici sur une bourgade de pauvres marins n'ayant aucun recours et d'autre appui que la vérité des faits, ce qui, dans ce monde, n'est pas toujours un moyen de succès. Les négociants de Saint-Valery était tout puissants auprès de la Chambre de commerce d'Amiens, dont ils étaient les représentants et les commissionnaires ; effrayés de la ruine rapide de leur commerce, ils firent entendre leurs doléances et demandèrent que des travaux fussent entrepris pour ramener le lit de la Somme dans leur port. La Chambre de commerce de Picardie s'en émeut, elle demanda que des projets lui fussent soumis.

Un premier édit du 7 septembre 1725 autorisa

les études d'un projet de canalisation sur Saint-Valery. L'ingénieur Laurent, qui en fut chargé en 1762, ayant visité le cours de la Somme, opina que le port de Saint-Valery présentant trop d'obstacles pour la communication avec la mer, il convenait de porter l'entrée du canal sur la rive droite au Crotoy; mais on parut faire peu de cas de son observation.

Le célèbre Linguet, qui vint aussi vers cette époque visiter les ports de la Somme, fit valoir les avantages du Crotoy « où, dit-il, dans les plus basses » marées il se trouve de dix à douze pieds d'eau, » lorsque la plage de Saint-Valery est absolument » à sec, et dans les fortes marées de dix-huit à » vingt pieds, lorsque à Saint-Valery les bâtiments » flottent à peine. Cette observation seule, ajoute- » t-il, assure au Crotoy une supériorité incontes- » table sur son rival. Les navigateurs le sentent » bien, aussi tâchent-ils de s'y arrêter le plus » longtemps qu'ils peuvent. C'est là qu'ils s'em- » pressent d'aller mouiller en arrivant; ils ne s'en » arrachent qu'avec peine, quand la nécessité de » se rendre à l'endroit où sont les bureaux et les » commissionnaires les contraint d'aller s'échouer » devant Saint-Valery. Dans l'état même où sont » à présent ces deux havres, ils préfèrent, sans » balancer, le premier tout comblé, tout anéanti

» qu'il est. Pour lui rendre son ancien éclat, il
» faudrait bien peu de dépenses [1]. »

Linguet entre ensuite dans le détail des travaux
qu'il y aurait à faire pour créer un bon port à
l'embouchure de la Somme; il entre dans les vues
de Vauban en proposant un canal qui, partant de
l'Authie, ramasserait la Maye à son passage et vien-
drait se déboucher dans le port du Crotoy. « En
» lui donnant une largeur convenable, dit-il, les
» vaisseaux ou au moins les bateaux plats en usage
» sur la côte, pourraient y remonter et s'abriter
» derrière les dunes. Les vaisseaux y seraient à
» flot en tout temps, et avec quelque dépense de
» plus on aurait au Crotoy un bassin entièrement
» semblable à celui de Dunkerque. C'est là, ajoute-
» t-il, qu'il faudrait ramener les négociants, les
» douanes, etc. »

Cet écrit fit une profonde sensation à Saint-Valery et par contre-coup à Amiens; le port de Saint-
Valery, que la nature condamnait, allait être définitivement perdu. Depuis le projet de rétablissement
du port, présenté cinquante ans auparavant par
l'ingénieur Coquart, d'autres études avaient été
faites qui, toutes, ramenaient la Somme à Saint-
Valery par un canal artificiel creusé dans les allu-

---

[1] *Des canaux navigables.* LINGUET, page 129.

vions qui s'étaient formées entre Abbeville et Saint-
Valery. M. OEuillo des Bruyères, ingénieur, pré-
senta, en 1777, à M. de Maurepas, ministre, un
plan qui barrait la Somme au chantier de Grand-
Port et ramenait son chenal aux quais de Saint-
Valery.

La chambre de commerce de Picardie, saisie de
ces différents projets, mais placée sous l'influence
des commissionnaires qu'elle entretenait à Saint-
Valery, rejeta en principe le projet de dérivation de l'Authie et de port au Crotoy, comme
impraticable et sans utilité pour le commerce [1],
et décida qu'il serait présenté une requête au
conseil du roi pour obtenir que des études
fussent faites en vue de rendre le chenal de la
Somme au port de Saint-Valery. Une commission
fut nommée pour examiner la question, et le 10
janvier 1778 elle déposa à la chambre un mémoire
à la suite duquel une requête fut adressée au roi
aux fins d'obtenir que des ingénieurs fussent nom-
més pour « faire, aux dépens du commerce, la
» visite de la rivière de Somme, depuis le lieu
» qu'il conviendra la barrer jusqu'à son embou-
» chure, à *l'effet de la détourner par sa rive*
» *gauche,* lui fixer, dans les bas-fonds que la na-

---

[1] Voir à l'appendice la note n° 1.

» ture du terrain présente, un nouveau lit qui
» dirige son cours sur le port de Saint-Valery et
» l'y fixe immuablement [1]. »

Cette décision n'avait cependant point été prise
sans protestations; les négociants d'Abbeville surtout représentaient les nombreux inconvénients
qu'offrait la rive gauche, sur laquelle pesait tout
l'effet des attérissements; on allait placer le lit
de la Somme dans une impasse, accumuler les
difficultés de la navigation, lorsque au Crotoy on
avait un chenal tout tracé, une navigation facile;
il ne s'agissait que d'aider la nature pour y obtenir un port commode et dans lequel même on
pourrait creuser un bassin propre à contenir cinquante vaisseaux de ligne [2].

Le commerce d'Abbeville voulut encore qu'il fût,
au préalable, décidé lequel des deux ports, celui de
Saint-Valery ou celui du Crotoy, devait obtenir la
préférence; il fut passé outre.

Ces propositions furent combattues par les négociants d'Amiens, réunis à ceux de Saint-Valery,
et le 18 octobre 1778, le roi, sur la représentation
de son conseil d'Etat, commit le sieur Delatouche,
ingénieur des ponts-et-chaussées à Amiens, *à l'effet*

[1] Voir à l'appendice n° 2.
[2] Voir à l'appendice n° 3.

*de dresser les projets, de lever les plans, faire faire
les nivellements, rédiger les devis et détails estimatifs, et généralement toutes les opérations nécessaires
pour le rétablissement du port de Saint-Valery, et
pour le creusement d'un nouveau lit sur la rive
gauche de la Somme, depuis Petit-Port jusqu'à la
pointe de Pinchefalise* [1].*

Les travaux furent commencés; mais alors même
le bon sens public indiquait encore qu'on allait
commettre une grave erreur pour la prospérité du
commerce de la Picardie et pour les facilités de la
navigation de la Somme. M. Traullé dit que, vers
cette époque, le prolongement de la pointe du
Hourdel avait tellement fait sentir son action, que
toute la masse du flux se portait sur le Crotoy et
en approfondissait la passe au détriment du port de
Saint-Valery, qui semblait devoir éprouver le sort
de celui d'Harfleur à l'embouchure de la Seine [2].
Une étude consciencieuse de la baie eût démontré
l'utilité de profiter de cet enseignement pour suivre
les vœux de la nature et l'aider au lieu de la combattre.

En même temps, M. de Senermont, directeur
du génie militaire à Abbeville, étudiait un projet

[1] *Arrêt du 18 octobre 1778 à Marly.* Extrait des registres du
conseil d'Etat du roi.
[2] *Mémoire sur la navigation maritime d'Abbeville.* TRAULLÉ.

qu'il adressait au ministre de la guerre et que nous avons retrouvé dans les bureaux du comité des fortifications à Paris. Après avoir fait ressortir tous les avantages anciens que possédait le Crotoy et fait remarquer les traces que porte le sol de son importance militaire et maritime passée, M. de Senermont propose le rétablissement de l'ancien bassin pour les bâtiments du commerce et la création d'un refuge pour les frégates du roi qui y trouveraient un excellent abri.

M. de Senermont ne déviait la Somme de son cours libre que pour l'enserrer dans un terrain plus solide, par Noyelles et le Hamelet; il y adjoignait les eaux de la Maye à partir du point le plus rapproché de la forêt de Crécy, puis l'Authie à partir du pont de Collines, ces deux rivières se réunissant à Rue et venant, par un canal commun, aboutir à la Somme dans le port du Crotoy, qui conservait, sans éventualités, tous les avantages qu'il possédait déjà et qu'il tenait de son heureuse position au milieu de l'embouchure de la Somme [1].

« Si l'on exécute le canal sur la rive gauche, disait M. de Senermont, les eaux de la Somme tendront toujours à revenir vers la rive droite, puisque le fond en est plus bas.

[1] *Mémoire sur les ports de Saint-Valery et du Crotoy*, 1783. DE SENERMONT. Comité des fortifications, à Paris.

» C'est en vain que le projet de Saint-Valery sera exécuté, la province n'aura qu'à en gémir ; la surcharge que le nouveau tarif impose au commerce va rejaillir sur tous les habitants ; les commerçants seront assujétis comme à présent aux mêmes entraves, et c'est en vain qu'on aura fait une dépense immense, il faudra toujours que le commerce s'occupe du Crotoy que la nature a si bien favorisé ; les habitants de Saint-Valery eux-mêmes demanderont bientôt que l'ancien bassin de ce port soit agrandi, il deviendra nécessaire à tous et personne ne pourra plus douter combien l'intérêt général a été sacrifié à un intérêt particulier, même mal entendu.

» Si le commerce de Picardie veut rendre profitable les 480,000 livres que Sa Majesté veut bien lui donner, pour créer un port dans la Somme, il faut les dépenser au Crotoy pour y amener la Maye ; ce port suffira alors pour le commerce de Picardie, mais si le gouvernement veut que le projet s'exécute en grand et qu'il soit digne du règne de Louis XVI, il faut disposer le Crotoy à recevoir même des frégates, y conduire la Somme, l'Authie et la Maye, et la dépense ne surpassera peut-être pas celle qui va être faite si inutilement sur la rive gauche. »

Nous ne rapportons ces longs détails de M. de

Senermont que parce qu'aujourd'hui ils ont une grande signification. M. de Senermont pensait que, dans la situation des choses, l'intérêt du commerce de Saint-Valery était d'avoir un port au Crotoy « dont ils auraient jouï ainsi que toute la Picardie. »

Les observations de M. de Senermont se perdirent, comme tout ce qui était juste dans cette question, devant la tenacité des membres de la chambre de Picardie. Les travaux du canal de la Somme furent commencés à Saint-Valery.

Vers cette époque, le comte d'Artois, qui était apanagiste de la forêt de Crécy, et qui fut depuis Charles X, ayant voulu faire remonter les navires jusqu'à l'entrée de la forêt, conçut le projet d'ouvrir à cet effet un canal qui déboucherait au Crotoy. Ce qu'avait de grand ce projet fut bientôt abandonné; on s'en tint, par suite d'une transaction faite en 1787, à de simples travaux de dessèchement[1].

Le Crotoy attendait d'heureux effets de la création de ce canal, il devait servir à exploiter les bois de la forêt de Crécy qui n'arrivent que difficilement sur charrois par des routes impraticables : le conseil d'administration du comté d'Artois avait

---

[1] Le canal de la Maye a 2 lieues 1/2 de longueur depuis son ouverture à 200 mètres de la rivière, jusqu'à la scierie hydraulique au Crotoy.

donné à entendre qu'il voulait établir la navigation
sur ce canal et qu'il donnerait un prime de 600 fr.
au premier navire qui irait charger des bois à Re-
gnière-Ecluse, au pied de la forêt. C'est dans ces
circonstances que la révolution vint aussi entraver
les desseins particuliers formés sur le port du Crotoy, comme elle entravait la continuation des travaux vers Saint-Valery; le canal de la Maye ne
servit qu'à dessècher les terrains de l'ancien étang
de Rue et les prairies environnantes.

Le projet de rendre la Maye navigable pour uti-
liser les bois des forêts de Crécy et de Vron, était
une idée de M. de Vauban, qui jugeait le projet
très-utile pour les ports de Dunkerque et de Calais [1].

Cependant le projet de navigabilité du canal fut
repris par plusieurs citoyens; MM. Jean-Baptiste
Gamain et Louis Asselin, enseignes de vaisseau,
se mirent en tête de l'entreprise et adressèrent, le
8 mai 1793, un mémoire au comité du commerce
de la convention nationale, à l'effet d'obtenir l'a-
mélioration et l'appropriation à la navigation du
canal de la Maye; ils demandaient que le canal fut
mis en communication avec le port du Crotoy, au
moyen d'un sas éclusé, que les ponts du Tarteron,

[1] *Oisivetés de Vauban*. Navigation des rivières, 89.

de Favières et de la Bonde fussent sur-élevés et que, selon les vues du comte d'Artois, le canal navigable fût continué jusqu'à l'entrée de la forêt. Ils donnaient pour raison à leur requête le mauvais état des chemins qui augmentait le prix des charrois; les bois ne parvenaient plus au Crotoy qu'à dos d'ânes, et le Crotoy perdait ainsi une des ressources qui faisaient vivre sa population. L'exécution du projet aurait encore eu un autre avantage, celui de curer le port et de donner plus de force au courant de la Somme pour l'approfondissement du chenal.

MM. Gamain et Asselin firent construire dans cette intention un bateau plat pour naviguer sur ce canal; mais bien que le district fît étudier leur projet sur les lieux, la discussion traîna en longueur, l'avis de la convention ne vint pas et le bateau construit à cet effet ne put être employé. Aujourd'hui encore le canal de la Maye est à l'état où le laissa le comte d'Artois en 1785; il aurait pu rendre de grands services à l'Etat à cause de la facilité qu'il présentait pour l'écoulement des bois de la forêt de Crécy, et parce qu'il aurait pu attirer l'attention sur l'heureuse position du Crotoy, mais une fatalité implacable semblait peser sur ce malheureux pays : tout ce qui était de nature à faire ressortir ses avantages était systématiquement repoussé; on ne termina point le canal de la Maye.

L'opinion des hommes de la science ne manquait point cependant pour porter l'attention sur les avantages du Crotoy et sur les causes qui les produisaient. M. de Lamblardie expliquait que c'était par l'effet de la prolongation de la pointe du Hourdel que la Somme se tenait plus constamment vers le Crotoy que vers Saint-Valery. « Les causes qui la conduisent à Saint-Valery, dit-il, n'étant qu'accidentelles, lorsqu'elle le peut, elle reprend bientôt son ancien cours vers la rive droite où la nature *la ramène toujours.* »

Nonobstant l'excellence de ces raisons, les travaux du canal de redressement se poursuivaient sur la rive gauche; la Chambre de commerce de Picardie y poussait activement lorsque la révolution de 1789 vint en entraver l'exécution.

III

Les travaux de canalisation, commencés en 1784 et interrompus par les évènements de la révolution, n'avaient pu être repris. La Somme semblait avoir fixé définitivement son lit au Crotoy qui était devenu par ce fait un des ports les plus profonds et les plus commodes de la Manche. C'était là que se faisaient toutes les opérations commerciales de la Somme ; le commerce de bois y était considérable, bien que les chemins fussent mauvais et que le canal de la Maye ne pût servir au transport des bois de la forêt de Crécy [1]. M. Traullé a expliqué

---

[1] Pendant la révolution, l'embarquement des bois de chauffage pour l'armée du Nord se faisait au Crotoy. Le sieur Petit, maire de Vron, porteur de pouvoirs de M. Jacques Châtillon, en fut chargé. Il approvisionnait des bois de la forêt de Crécy et autres, appartenant au domaine, les chantiers du Crotoy. On en chargeait beaucoup pour Dunkerque.   *(Note de M. A. Bizet.*

cette fixité anormale du lit de la Somme, par le fait
des travaux mêmes commencés sur la rive gauche « avant l'établissement de la digue du canal,
» dit-il, la mer se répandait également sur les deux
» côtés de la baie; tous les vingt-cinq ou trente
» ans, la mer se portait alternativement sur le
» Crotoy et Saint-Valery, mettait par cette marche
» les sables au niveau des deux côtés; mais la digue
» du canal ayant donné aux sables un point d'ap-
» pui et repoussé la rivière, un attérissement en
» pente douce s'est élevé du centre de la baie vers
» la digue du canal, a forcé la Somme de déserter
» le côté gauche, celui du canal, de se porter sur
» le Crotoy et de favoriser l'attérissement qui,
» partant de Petit-Port vers Abbeville, arrive à
» Saint-Valery et finira par se joindre à celui du
» golfe du Hourdel [1]. »

Ce fait étant reconnu et constaté, ne devenait-il
pas facile de conserver à peu de frais cette situation?
Le malheur de la baie de Somme voulait qu'on vit
avant tout Saint-Valery, et à Saint-Valery on sa-
crifia une navigation facile qui promettait les plus
grands résultats.

L'alluvion gagnait considérablement sur la rive
gauche; l'ancien port de la Ferté était comblé, il

[1] *Abrégé des annales du commerce de mer d'Abbeville.*
M. TRAULLÉ, page 23.

consistait en une simple rigole qui se faisait jour au milieu d'une alluvion couverte déjà d'herbes marines. Les habitants de Saint-Valery ne cessaient de faire entendre leurs doléances; des suppliques furent adressées au premier consul et à l'empereur Napoléon qui, ayant l'intention de faire un port militaire dans la Somme, fut à Saint-Valery et ne vint point au Crotoy où se montraient tous les avantages de la baie de Somme. On parla sérieusement de continuer les travaux du canal. L'ingénieur Lefebvre, qui avait fait une étude sur la possibilité de navigation dans les embouchures des rivières de la Picardie, s'exprime ainsi à ce sujet :

« On a hésité longtemps entre deux projets, l'un qui faisait passer ce canal le long de la rive droite et aboutissait au Crotoy : il présentait l'avantage de la réunion des eaux de la rivière de Maye et de l'établissement d'une communication facile avec l'Authie et avec la Canche. Il en serait résulté le dessèchement d'une immense quantité de terrains précieux pour l'agriculture. On aurait vivifié et assaini une grande étendue de pays connu sous le nom de Marquenterre, qui est aujourd'hui sous les eaux pendant une grande partie de l'année, et encore très-marécageux pendant l'été. Ce projet rattachait le département de la Somme à ce système de navigation intérieure, le long des côtes de la

Manche dont j'ai parlé en traitant du département
du Pas-de-Calais, communication facile, peu dis-
pendieuse à établir et qui indépendamment de son
utilité pour ces départements, deviendrait très-pré-
cieux au gouvernement et au commerce en cas de
guerre maritime.

» L'autre projet, qui portait le canal à la rive
gauche de la Somme, devait aboutir au port de
Saint-Valery. C'était à ce dernier qu'on se fixait.
L'exécution en a été commencée, mais elle a été
suspendue, et les travaux sont abandonnés depuis
plusieurs années [1].

Alors encore il était temps de revenir au seul
moyen praticable de donner une bonne navigation
à la Somme : c'était de porter l'entrée du canal sur
la rive droite, de construire un avant-port au Crotoy
dont le chenal profond et direct donnait, dans les
moindres marées, accès à des navires d'un tirant
de 15 à 16 pieds. La navigation était facile, commode ; mais il n'y avait pas de port ; il s'agissait
de conserver et d'améliorer, de suivre les indications de la nature, et rien n'était à désirer.

Plusieurs écrivains, Marchangy, de Pongerville,
se rendant l'écho de l'opinion publique, avaient dit,
dans les premières années de la restauration, que

[1] *Journal des Mines.* LEFEBVRE, membre du conseil des mines.
Tome XII, page 428, an X.

le port de la Somme était désormais au Crotoy et que toutes les ressources de l'art seraient impuissantes pour ouvrir aux vaisseaux le port de Saint-Valery qui, autrefois, recevait ceux de toutes les parties du monde connu [1].

Les navires étant amarrés au Crotoy, étaient considérés comme arrivés à destination et les bulletins de navigation portaient l'entrée à Saint-Valery ; les droits payés au Crotoy étaient censés payés à Saint-Valery. C'était un tort grave contre lequel les habitants du Crotoy eurent le tort de ne point réclamer. Chaque jour, les négociants de Saint-Valery venaient au Crotoy faire leurs affaires de courtages ; le commerce et la navigation de la Somme étaient prospères, sauf cet inconvénient du port du Crotoy substitué forcément à celui de Saint-Valery.

Il importait pour le commerce de Saint-Valery de n'être plus dans cette obligation incommode de traverser la baie, et à cet effet il fallait rapporter à Saint-Valery les avantages du port du Crotoy ; il fallait reprendre le projet de dérivation décreté en 1778 et terminer le canal de dérivation qui devait fixer le lit de la Somme sous les quais de Saint-Valery. En vain les représentations les plus justes

---

[1] *Tristan le voyageur*. De Marchangy, tome iii, notes.

et les plus sages furent faites, on n'en tint pas compte. Un employé supérieur des ponts-et-chaussées, M. Mary, s'était marié à Saint-Valery, il crut pouvoir satisfaire aux vœux de ces concitoyens, et son opinion fut d'un effet heureux pour le port de Saint-Valery, qui obtint en 1825 l'autorisation de continuer les travaux de dérivation de la Somme.

C'est alors que parurent en deux brochures les *Observations* de M. L. Estancelin sur le canal de la Somme « on ne peut nier, y est-il dit, que le » Crotoy peut, en morte-eau, recevoir des navires » qui, en vives eaux, ne peuvent gagner le port de » Saint-Valery. On voit que, depuis la Seine jus- » qu'à Dunkerque, c'est le point de la côte où la » mer porte la plus grande hauteur d'eau, puisque, » en syzygie, elle s'élève de 30 à 35 pieds et en » quadrature elle ne tombe pas au-dessous de » quinze pieds [1]. »

M. de Sartoris, banquier, concessionnaire des travaux du canal de la Somme, fit étudier la question par son ingénieur, et il en résulta pour lui la conviction qu'avait eu, cinquante ans auparavant, son prédécesseur Laurent; c'est-à-dire qu'il y aurait, pour la navigation du canal, un avantage énorme à le faire déboucher au Crotoy, où toutes

[1] *Observations sur le canal de la Somme*, L. ESTANCELIN, 1825.

les causes naturelles d'aprofondissement des passes étaient réunies [1]. Cet ingénieur, M. Bellangé, faisait à ce sujet un rapport dans lequel il disait : « La profondeur au Crotoy est telle que, même » dans les moindres marées de morte-eau, des » navires tirant trois mètres d'eau peuvent y arri- » ver quand le vent est convenable, et que les » bâtiments marchands du plus fort tonnage peu- » vent y parvenir dans la plupart des marées » moyennes. »

Les meilleures raisons étaient impuissantes contre un parti pris et les volontés de l'administration compétente ; les travaux du canal, abandonnés en 1787, furent repris et poussés avec activité, et pendant ce temps la navigation continua d'être florissante par le Crotoy ; les navires tirant de 10 à 12 pieds d'eau y entraient aussi bien en morteseaux que dans les fortes marées. Pour rendre la navigation facile et commode, il ne s'agissait alors que de régulariser son cours depuis le Crotoy jusqu'à Abbeville au moyen de digues submersibles, et la solution de cette question séculaire était

---

[1] M. de Sartoris, après avoir démontré les inconvénients du tracé par Saint-Valery, dit : or, ces inconvénients disparaîtraient entièrement par le nouvel embranchement que j'ai proposé de dériver vers Noyelles et qui rendant le canal accessible chaque jour, même dans les moindres marées, aux navires de mer de 150 à 200 tonneaux, élèvera bientôt la ville d'Abbeville au premier rang parmi les places maritimes de la France.

trouvée. Mais comme on l'a vu plus haut, on voulait, en dépit des faits et de la raison, conserver le port de Saint-Valery. Le bon sens public disait : Vous allez perdre des ressources certaines ; savez-vous ce que vous aurez ? Une polémique très-vive s'engagea même dans les journaux ; aux plus justes observations on répondait : laissez donc terminer, et vous verrez que la Somme, aussitôt dérivée dans le canal de Saint-Valery, se fraiera d'elle-même une voie directe et profonde jusqu'à la mer.

Les travaux furent achevés. La Somme, qui venait d'Abbeville au Crotoy par l'estuaire de Grand-Port et de Noyelles, fut dérivée dans le canal de Saint-Valery ; mais, au lieu de se frayer une voie directe de Saint-Valery à la mer comme on l'avait espéré, à peine dégagée de ses entraves à La Ferté, la rivière traversait obliquement la baie et revenait prendre au Crotoy le chenal de prédilection qu'elle s'était creusée.

Le commerce d'Abbeville, prévoyant l'insuccès du chenal à créer de Saint-Valery à la mer, avait exigé, pour la garantie de sa navigation, qu'une ouverture serait conservée à Sur-Somme avec une écluse afin de pouvoir, au besoin, reprendre la voie de navigation par l'ancienne baie ; mais les écluses étant restées fermées pendant quelques marées, une forte alluvion vint condamner les portes qui ne s'ouvrirent plus : la Somme passa entièrement par les quais de Saint-Valery.

Il résulta immédiatement de ce fait, le comblement rapide de la baie supérieure; mais le chenal de la Somme continua néanmoins à revenir de Saint-Valery sur le Crotoy, qui était toujours l'avant-port de la baie et la station où relâchaient les gros navires pour s'y décharger ou transborder tout ou partie de leur cargaison sur des gribannes.

Le tracé du chenal de la Somme et l'état des alluvions de la baie, sept ans après sa dérivation, est parfaitement indiqué par M. de Givry dans ses *Observations nautiques* [1]. « Le Crotoy, dit-
» il, occupe une position très-avantageuse relati-
» vement au circuit que décrit le courant du flot
» dans l'embouchure de la Somme pendant le
» temps où il a le plus de vitesse. Ce courant cure
» le chenal qui passe devant le Crotoy, et ce che-
» nal est toujours plus profond que les autres.
» Les bâtiments qui entrent avec des vents d'aval
» forcés, trouvent toujours dans le port du Crotoy
» ou sur la posée qui est à l'Est, un refuge assuré.
» Le courant du flot, après son entrée dans l'em-
» bouchure, suit la direction que lui imprime la
» rive droite jusque devant le Crotoy, où les bancs

---

[1] *Le Pilote français* de M. de BEAUTEMPS-BEAUPRÉ, avec les *Observations nautiques* de M. de GIVRY. (*Baie de Somme.*)

» qui obstruent maintenant la partie orientale de
» la baie, l'obligent à se diriger vers le Sud-Ouest
» sur le port de Saint-Valery. »

Huit ans après, malgré les travaux faits à Saint-
Valery pour détourner le chenal du Crotoy, la
situation du courant était la même. M. Baude, ancien conseiller d'Etat, écrivait : « Si nous sommes
» embarqués sur un bâtiment d'un tirant d'eau de
» plus d'un mètre, nous ne parviendrons dans la
» Somme qu'en longeant la côte de Cayeux, en
» doublant la pointe du Hourdel, puis en suivant
» un chenal sinueux qui se rapproche de la rive
» droite jusqu'auprès du Crotoy et revient à la rive
» gauche sous les murs de Saint-Valery [1]. »

Comme on le voit, le chenal de la Somme avait
perdu à cette époque sa ligne droite du Crotoy à
la mer et aussi de sa profondeur. Une grande perturbation avait bouleversé toute la baie. Ses ports
n'étaient plus abordables dans les quadratures ; les
navires à leur destination se trouvaient obligés,
pour attendre les vives-eaux, de louvoyer au large
ou de relâcher pendant quelques jours dans les
ports voisins. Le fret pour les ports de la Somme
augmenta ainsi que les taux d'assurances.

Le port de Saint-Valery ne s'améliorait point,

---

[1] *Revue des deux mondes*, 15 août 1845. BAUDE.

et bien que le chenal de la Somme lui fût assuré
par des travaux d'endiguement, de quais et d'es-
tacades, l'entrée n'en était pas plus facile. Une pétition des habitants de cette ville, en date de 1844,
se plaint « de l'impuissance du fleuve contre les
» attérissements, contre les mauvaises directions
» des courants... La navigation est difficile, les
» échouements fréquents dans la baie à quelques
» centaines de mètres du port. » M. de Beaulieu,
ingénieur à Saint-Valery, renchérit encore sur ces
détails en disant, dans son rapport de la même
année : « Il faut bien le dire, c'est la distance de
» Saint-Valery à la mer et la crainte d'échouer
» dans la baie qui éloigne les navires dans les
» mortes-eaux, et qui paralyse en partie l'accrois-
» sement du commerce. »

La Somme était donnée depuis 14 ans au port
de Saint-Valery, et, comme on le voit, la situation
n'était pas meilleure qu'en 1777, à l'époque où
les négociants de cette même ville pétitionnèrent en
disant « que les navires échouent en baie, y font
des avaries, et s'y perdent *à la vue même du port* [1]. »

Cependant les travaux de redressement du chenal se continuent afin de lui donner la direction de
Saint-Valery au Hourdel. Aujourd'hui on n'y est

[1] Voir à l'appendice le n° 1.

pas encore arrivé, bien que la Somme soit encaissée jusqu'au Cap-Cornu; mais elle a quitté le Crotoy et ne retombe sur la droite qu'au-dessous de la haute terre de Saint-Pierre.

Le Crotoy, privé des eaux de la Somme qui le vivifiaient, conservait néanmoins encore ses avantages; ils étaient dus au retour des eaux que la marée laissait sur les terres exhaussées de l'ancienne baie. Le port du Crotoy, favorisé ainsi par le jusant, était encore d'un accès plus facile que celui de Saint-Valery qui possédait la Somme. Cette dernière ressource fut arrachée au Crotoy. On travailla à détourner le chenal vers la hauteur de Boismont, afin de donner les eaux du jusant au port de Saint-Valery; on y parvint, mais peu après ce courant brisa ses entraves et revint encore au Crotoy, jusqu'au moment où l'exécution du chemin de fer de Noyelles à Saint-Valery l'en priva entièrement.

Pour dédommagement à tant de pertes successives (nous n'osons dire à tant d'iniquités), le Crotoy demanda qu'afin de conserver son port, on lui accordât les eaux de l'Authie qui s'écoulent avec peine et inutilement entre les pointes de dunes de Routhiauville et de Groffliers. Déjà, en 1839, le Conseil général de la Somme, sur l'avis conforme des ingénieurs du département, avait émis le vœu de cette dérivation, afin, disait-il, d'entretenir un chenal de ce port à la mer ; le vœu fut renouvelé en 1841 et 1848 ; l'Empereur Napoléon, afin de répondre à une pétition des habitants du Crotoy, exprima le désir que des études fussent faites pour satisfaire à ce vœu ; les études et les formalités bureaucratiques durèrent trois ans, après lesquels, malgré les avis favorables des enquêtes, le ministre répondit qu'il n'y avait point lieu à donner suite au projet [1].

Le ministre de la marine, consulté par son collègue des travaux publics sur l'utilité de cette dérivation, répondit : « Le Crotoy est un petit port » à conserver au double point de vue de la pêche » et de la navigation. La digue qu'on va faire pour » ouvrir passage au chemin de fer de Noyelles à » Saint-Valery, rend indispensable la dérivation » de l'Authie au Crotoy ; autrement on s'expose- » rait à voir ce port se combler, ce qui causerait » la ruine de l'inscription maritime sur ce point » et tendrait à compromettre la sécurité qu'il offre » aux navires qui, par des vents d'aval forcés, ne » pourraient entrer au Hourdel [2]. »

[1] Lettre de M. le Ministre des travaux publics. *Dérivation de l'Authie et de la Maye dans la baie de Somme.* 28 février 1859.
[2] *Mémoire statistique de l'arrondissement maritime de Cherbourg.* Année 1854.

Nonobstant l'évidence des faits, les témoignages favorables donnés à l'appui des réclamations faites en faveur du Crotoy, rien encore n'a été fait pour l'arracher à sa ruine ; tout a été mis en œuvre pour lui arracher une à une les ressources dont la nature l'avait gratifié et l'anéantir.

APPENDICE

NOTE N° 1.

EXTRAIT DU REGISTRE AUX DÉLIBÉRATIONS DE LA CHAMBRE
DU COMMERCE DE PICARDIE.

Ce jourd'hui vingt-huit octobre mil sept cent soixante-dix-sept, dans l'assemblée générale de la Chambre du Commerce de Picardie, convoquée par billets distribués chez les anciens syndics de ladite chambre, ainsi que chez les négociants des différents corps de commerce ; dans laquelle assemblée présidait M. Morgan, chevalier de l'ordre militaire de St.-Louis, maire en exercice de cette ville d'Amiens; et où étoient MM. J.-B. Leleu, échevin et ancien négociant; Charles Langevin, ancien juge-consul ; Pierre Delahaye, écuyer; Etienne Langevin; Huart Duparc, syndics en exercice; Leleu l'aîné, ancien syndic et secrétaire de ladite chambre; Degand l'aîné, écuyer, ancien syndic et juge-consul; Jourdain de l'Eloge; Alexandre Cannet, écuyer, et François Boucher, anciens syndics; Jean-Baptiste Dottin, échevin en exercice; Tondu, Dargent, Daire, Clément-Després, négociants de cette ville; et François Masset, négociant et député de la ville de Saint-Valery. M. Morgan a porté la parole et représenté que l'importance du sujet qui avait fait la matière des délibérations des 21, 23 et 25 de ce mois, avait paru à la chambre mériter la convocation générale du commerce; pourquoi il a requis que lecture fût faite des trois susdites délibérations, ainsi que du mémoire de MM. les négociants

de Saint-Valery qui y avait été présenté; ledit mémoire expo-
sitif du danger imminent où se trouvait le port de Saint-
Valery, d'être dans peu de temps entièrement comblé par les
sables, et inaccessible même aux plus petits vaisseaux; lequel mémoire ayant été lu pour la seconde fois et mûrement
discuté, il a été reconnu que le projet d'un nouveau port au
Crotoy était impraticable, et d'ailleurs sans utilité pour le
commerce, sous quelque regard qu'on le considérât; que le
mémoire susdit en expose les inconvénients et les dangers,
avec une sagacité et une justesse que le tact de l'expérience
et la connaissance pratique des vents et des marées du local
peuvent seuls procurer; que le moyen indiqué pour l'amélioration du port de Saint-Valery est présenté dans ce même
mémoire d'une manière également lumineuse et convain-
cante; que le barrement de la Somme et sa conduite par un
lit nouveau, pour la faire tomber à la tête du port de Saint-
Valery et l'y fixer, sont l'unique moyen de rétablir le port
dans son ancienne bonté, soit relativement à sa communication avec la mer, soit pour le passage des gribannes de
Saint-Valery à Abbeville, qui depuis quelques années a
éprouvé beaucoup d'inconvénients, et causé des pertes considérables au commerce; que la chambre adopte le moyen
avec d'autant plus de confiance, que les ingénieurs les plus
éclairés, les marins les plus assidus l'ont aussi jugé, et no-
tamment dans un mémoire, couronné le 25 août par l'acadé-
mie d'Amiens, qui en avait fait le sujet d'un programme in-
téressant; que tous les gens de l'art n'ont pu voir enfin
qu'avec surprise que le commerce avait laissé perdre jusqu'à
ce jour l'influence que devait avoir sur le port de Saint-Valery une rivière aussi considérable, le plus beau présent que
la nature ait fait à la province, et dont toute autre aurait
payé de plusieurs millions les avantages inappréciables; que
pour se convaincre de la nécessité de se prêter à l'opération
projetée, il suffit de jeter un coup-d'œil sur la situation du
port, soit relativement à l'entrée des vaisseaux, soit relativement aux gribannes qui en reçoivent les cargaisons et les
apportent jusqu'à Amiens; qu'à l'égard des vaisseaux, faute
de trouver dans la Somme un cours stable et permanent qui
entretienne dans son lit une profondeur salutaire, ils sont
obligés de suivre toutes les sinuosités qu'elle forme dans la
baye, ce qui les expose à y assécher sur un fond de sable
inégal, et à s'y briser et s'y perdre à la vue même du port;

que lors même que les plus hautes marées les mettent à l'a-
bri de ce danger, elles ne peuvent suffire à les porter jusques
dans le port même; mais qu'ils sont obligés de jeter l'ancre,
et de faire leur décharge dans une plage très-large et décou-
verte entre le port et la ville, où ils ne sont point en sûreté
dans un coup de vent de nord, de nord-ouest et nord-nord-
ouest, et encore moins les gribannes et allèges qui vont recevoir leur chargement, et dont on a vu plusieurs se perdre
depuis quelques années; que d'ailleurs, faute que la Somme
ait un cours réglé et un lit suffisamment profond, l'entrée
de la baye n'est ouverte aux plus grands vaisseaux que pendant six jours de chaque nouvelle pleine lune : en sorte que
les vaisseaux, lorsqu'ils ne se présentent point dans les six
jours, sont obligés de battre la mer, et rester exposés à tous
les dangers sur la côte et à la vue de leur destination; que
le même inconvénient porte jusques sur les gribannes, quelque peu d'eau qu'elles tirent; qu'elles sont obligées de rester
amorties dans le port, ou, ce qui est encore plus dangereux,
dans le milieu de la baye avec leur charge pendant huit
jours de chaque mer; en sorte que soit par rapport à ces gribannes, soit par rapport aux vaisseaux allant et venant de la
mer, le port de Saint-Valery, dans le cours d'un mois, est
aussi longtemps fermé qu'ouvert; que cette situation, outre
les risques qui en sont inséparables, faisant éprouver à la
navigation un retard également préjudiciable, et pendant
lequel temps les marchandises restent à la merci des bateliers de rivière, on ne peut trop tôt faire cesser tant d'obstacles, et procurer par la même opération la sûreté du port,
la facilité et l'économie de la navigation intérieure, qui, dégagée d'une infinité d'entraves qu'elle éprouve, dispensera
les bâteliers d'employer une multitude de halleurs riverains
qui les vexent de toute manière, soit en exigeant d'eux un
salaire excessif et arbitraire, soit en les obligeant à force
ouverte à leur abandonner à discrétion les marchandises dont
ils sont chargés sur leur foi.

Lesquels objets pris en considération, il a été délibéré qu'il
sera présenté requête au conseil, à ce qu'il lui plaise nommer
tels ingénieurs ou autres personnes versées dans la connaissance des ports, qu'il lui plaira, à l'effet de lever le plan du
terrain et des opérations indiquées au mémoire des négociants de Saint-Valery, en dresser le devis estimatif; après
quoi le commerce instruit de l'objet de la dépense, se pour-

voira de nouveau au conseil, pour présenter les moyens d'y subvenir, si elle n'est pas au-dessus de ses forces.

Et attendu qu'une affaire de cette importance ne peut continuer à se traiter dans des assemblées générales, il a été aussi reconnu qu'il était indispensable de faire choix de cinq commissaires pour suivre ladite affaire, et en référer à la chambre dans ses assemblées hebdomadaires, lequel choix est tombé sur MM. Degand l'aîné, Jourdain de l'Eloge, Delahaye, Leleu l'aîné, et Daire, auxquels la chambre donne pouvoir de faire auprès du conseil, et en son nom, les sollicitations et démarches nécessaires, même de députer, si besoin est, de concert avec elle, telle personne qui sera jugée convenable.

NOTE N° 2.

Cejourd'hui dix janvier mil sept cent soixante-dix-huit, dans l'assemblée du comité, M. Leleu ayant mis sur le bureau le mémoire des ouvrages de la Somme, contenant les détails des opérations à faire, il a été rédigé et arrêté de concert, qu'il serait envoyé à M. d'Agay, suivant la copie ci-après :

Mémoire pour les ouvrages à faire sur la rivière de Somme.

Le commerce, en présentant le barrement de la Somme comme une opération indispensable à l'amélioration du port de Saint-Valery, a toujours regardé comme une suite nécessaire les travaux à faire sur cette rivière, depuis Amiens jusqu'au lieu où le barrement sera fixé. C'est en effet dans cette distance que la navigation éprouve des pertes et des retards, souvent répétés, et dont le préjudice est inappréciable.....

Au Roi et à Nosseigneurs de son conseil.

Sire,

La chambre du commerce de Picardie, et les négociants de cette province, supplient très-humblement et très-respectueusement votre majesté, et lui représentent que les pertes considérables essuyées dans la baye et dans le sein même du port de Saint-Valery, depuis deux ans, ne permettent plus aux suppliants de différer à rechercher tous les moyens de prévenir le retour des mêmes évènements.

Le port de Saint-Valery, SIRE, est dans ceux du second ordre, un des plus considérables du royaume, c'est le seul que cette province possède. Il sert non-seulement à son commerce maritime, qui y attire de toutes les parties de l'Europe les choses nécessaires à la vie, et les matières propres aux manufactures ; mais son utilité s'étend beaucoup plus loin ; il est aussi l'entrepôt des provinces de Champagne, de Bourgogne, des Trois-Evêchés, de la Lorraine, d'une partie de la Suisse, de Lyon et de Paris même, qui dans les circonstances pressantes, trouvent, par le passage de ce port, beaucoup plus de célérité que par la voie de la Seine.

La rivière de Somme faisait autrefois la richesse et la sûreté du port de Saint-Valery. Elle y dirigeait son cours, le traversait dans toute son étendue, y entretenait une profondeur et une quantité d'eau salutaires aux vaisseaux, et ensuite leur creusait un chenal facile pour l'entrée et la sortie jusqu'à la pleine mer; mais ces avantages ont disparu depuis plusieurs années, par l'éloignement de cette rivière qui s'en est retirée de sept à huit cents toises. Il est résulté de cet éloignement un amas immense de sables dans l'intervalle qui sépare aujourd'hui la Somme du port, et ces sables se sont élevés à tel point, que dans les plus hautes marées, il n'y monte pas assez d'eau pour que les grands vaisseaux de deux cents tonneaux franchissent ce passage. Les plus petits ne le font même qu'avec beaucoup de danger, et on est fondé à croire, suivant de nouvelles opérations, que dans peu de temps il ne pourra y en aborder aucuns.

Cette perspective alarmante a déterminé les habitants de Saint-Valery à adresser aux suppliants le mémoire qu'ils joignent à la présente requête, ainsi que la délibération prise en conséquence. Le conseil de VOTRE MAJESTÉ y verra combien le mal est urgent.

L'instabilité du cours de la Somme dans la baie de Saint-Valery n'est point, SIRE, le seul inconvénient auquel sa navigation soit exposée. Les bateaux qui la remontent jusqu'à Amiens, éprouvent dans le passage de l'intérieur d'Abbeville, et dans les douze lieues qu'elle parcourt depuis ce point, une infinité d'autres inconvénients auxquels il n'est pas moins indispensable de remédier. Divers passages sous des ponts ont toute la rapidité des torrents; ils exigent pour les franchir jusqu'à trente et quarante hommes, quelquefois même plus, suivant les circonstances des temps et des eaux.

La difficulté de rassembler tant de monde à chacun de ces passages qui se répètent quatre fois, le salaire excessif qu'ils exigent arbitrairement des bateliers, et qui va jusqu'au monopole le plus répréhensible, le pillage même des marchandises auquel les halleurs riverains se livrent ouvertement malgré les bateliers, sont autant d'abus que l'autorité n'a encore pu réprimer malgré les ordonnances sévères intervenues sur cette matière. Il en résulte une nécessité indispensable de substituer à cette troupe de halleurs des chevaux à différents postes, et de former sur les bords de la rivière une chaussée de hallage qui le facilite; au moyen de quoi, le trajet des bateaux, qui exige souvent huit à dix jours, se fera facilement en deux, et la navigation sera délivrée de la nécessité d'employer une machine qui, quoique très-peu coûteuse en elle-même, la soumet à un péage très-onéreux au passage de Picquigny.

Ce considéré, SIRE, il plaise à Votre Majesté nommer des ingénieurs pour faire, aux dépens du commerce, la visite de la rivière de Somme, depuis le lieu qu'il conviendra la barrer jusqu'à son embouchure, à l'effet de la détourner par sa rive gauche, lui fixer, dans des bas-fonds que la nature du terrain présente, un nouveau lit qui dirige son cours sur le port de Saint-Valery et l'y fixe immuablement.

Desquels ouvrages lesdits ingénieurs donneront les devis et plans estimatifs de la dépense, pour le tout être communiqué à la chambre de commerce de Picardie, et aviser par elle aux moyens de subvenir à ladite dépense, si elle n'excède pas les forces du commerce. Ainsi délibéré.

Signé DEGAND l'aîné, DELAHAYE, N. LELEU l'aîné, DAIRE l'ainé, JOURDAIN DE L'ELOGE.

NOTE N° 3.

L'INCOMPÉTENCE de la chambre de commerce de Picardie pour arrêter exclusivement les moyens d'améliorer la navigation sur la Somme, et de rétablir un port à son embouchure, permet de justes défiances sur le succès de ceux dont elle a fait choix, et pour l'exécution desquels elle a annoncé, par lettre du 4 décembre 1777, qu'elle allait présenter requête au conseil. Elle a arrêté que le port qui manque à la province serait rétabli à Saint-Valery, et que pour l'y faire reparaître et en même temps améliorer la navigation sur la Somme, il serait creusé un nouveau lit à cette rivière sur la rive gauche, afin de la contraindre par là à aller rendre à ce port les services qu'elle lui refuse maintenant; et c'est pour exécuter ce projet, et non pour le juger, que cette chambre demande au Conseil des ingénieurs.

Les officiers municipaux de la ville d'Abbeville ont cru devoir retarder cette marche un peu trop prompte et trop présomptueuse, et ramener ce projet à l'examen et la discussion que son importance mérite et que l'incompétence de ses auteurs autorise.

Le rétablissement d'un port dans la baie de Somme peut intéresser le gouvernement par lui-même : il est de notoriété publique qu'il s'en est occupé, que pendant plusieurs années de suite, il a fait lever les plans des embouchures de cette rivière dans la vue d'y établir un jour un port commode. Il est donc indiscret de ne point consulter spécialement aujourdhui le ministre de la marine, et de rien entreprendre sans son aveu; il peut avoir des vues contraires à ce qu'on propose, et venant un jour à les exécuter, il ne resterait à la province de tout ce qu'elle aurait fait, que le regret de l'avoir entrepris.

Il ne s'agit pas aujourd'hui de réparer, mais d'établir un port, il n'en existe plus au moins à Saint-Valery, l'on ne fut jamais plus libre sur le choix de l'emplacement, c'est au ministre à le faire, il le fera sans égard à aucun intérêt particulier : le plus grand bien sera sa règle.

Le lieu le plus propre par la nature à cet établissement, celui où il sera le moins dispendieux, et en même temps le plus avantageux à la province sera le lieu préféré; c'est parce que l'on a craint sans doute que cette préférence ne tombât pas sur Saint-Valery qu'on n'a pas voulu laisser indéterminé le lieu où serait rétabli le port : on a désigné Saint-Valery exclusivement, à l'instigation probablement de ses habitants.

C'est chez eux que MM. de la chambre de commerce ont été puiser les connaissances qui leur manquaient sur cette matière, la même crainte a fait limiter étroitement les pouvoirs des ingénieurs que cette chambre demande; plus libres ils auraient pu se laisser séduire par les facilités que la nature semble avoir réunis à dessein au Crotoy, pour inviter l'art à venir lui rendre le port dont cette ville jouissait dans des temps plus reculés : non-seulement elle y assure à la province un port commode, mais encore d'autres avantages importans : si l'on défère à son aveu, les moyens qu'elle y réserve pour la formation de ce port ne seront mis en œuvre que du même moment.

Un terrain immense actuellement presque sans valeur, devi-ndra un des plus fertiles cantons de la province : la même opération ouvrira une communication de la Picardie avec l'Artois, avantageuse pour les deux provinces.

Ce port est tout désigné au Crotoy; une langue de terre solide qui s'avance dans la rivière y forme un abri sûr, défendu des trois vents les plus redoutables et les plus fréquens sur nos parages; ce sont les vents d'Ouest et Nord-Ouest, Nord-Nord-Ouest, on peut sans difficulté et sans dépense creuser et agrandir le bassin déjà tout formé, l'on ne rencontrera point de rochers qui s'opposeront à son excavation, il n'y aura que du sable à enlever d'abord, puis une terre argileuse qui cédera sans peine à la bêche, et en creusant à quelque distance des murailles de cette ville, il se trouvera un quai tout naturellement formé : il serait facile de préserver ce bassin des sables qui le défigurent aujourd'hui; ils y sont apportés par le flux de la mer qui rencontrant cette anse sur la rive gauche de la baie s'y endort et y dépose les matières qu'elle charie, elles pourraient en être balayées par les eaux de la marée qu'on retiendrait à cet effet dans les parties basses derrière le port, par le moyen de deux écluses.

La rivière de Maye d'ailleurs, et celle d'Authie qui sont peu distantes, pourront fournir à frais communs un canal peu dispendieux, qui, venant à ce port, en nourrirait le bassin et y préviendrait tout attérissement; les vaisseaux trouveront dans ce port un atterage doux, parce que le sol en est argilleux; ils y seraient remis à flote tous les les jours, parce que la marée y apporte tous les jours dix à douze pieds d'eau, ils en pourraient sortir presque de tous vents, excepté de gros vents de Sud, Sud-Ouest.

Le même canal destiné pour entretenir le bassin du port, en s'enrichissant pendant son cours des eaux qui submergent le Marquenterre, rendrait à ce pays son ancienne fertilité. C'était jadis un des plus riches cantons de la province et un des plus peuplés; il contenait plus d'une ville dont il n'existe plus que le nom et quelques ruines, et le canton n'est plus à ce moment-ci qu'un espèce de marais infect qui dévore le peu d'habitans que sa fertilité naturelle y attache encore, quoique sans cesse il trompe leurs espérances : l'époque est arrivée où il peut être tout-à-coup revivifié. Le même canal qui opérera cette révolution, en liant le Crotoy avec l'Authie, établira aussi, pour peu qu'on lui donne de longueur, une communication navigable avec l'Artois.

Tels sont; les moyens que la nature a réunis au Crotoy pour y perfectionner un port déjà tout formé, et les avantages qu'elle y offre en indemnité du peu de frais qu'il en coûtera pour mettre ces moyens en œuvre; tandis qu'elle ne présente à Saint-Valery que des obstacles qu'elle semble avoir cumulés comme à dessein de détourner l'art d'aucune entreprise en sa faveur, la rade y est mal abritée, les vaisseaux n'y sont guère défendus que des vents du Sud, Sud-Ouest, mais ils paient cher ce petit avantage : ils y reposent ou plutôt ils s'y fatiguent sur un fond pierreux qui les disloque, la sécheresse les y consume, parce qu'il n'y flottent jamais qu'aux hautes marées; ils n'en peuvent sortir que des vents de Sud, Sud-Ouest, Nord-Nord-Est, et de ceux intermédiaires, et ce n'est qu'en labourant les sables, même dans les plus hautes marées, qu'ils peuvent s'échapper de ce port, et ils en sortent plus fatigués que d'un voyage de long cours.

Il est donc important en ce moment où la province demande un port, que le gouvernement décide lequel des deux emplacemens doit être préféré : ce sera, quand ce point sera jugé qu'il sera temps de statuer sur l'ouverture du nouveau canal de la Somme : entreprise inutile, peut-être, si le Crotoy obtient la préférence.

C'est moins encore pour améliorer la navigation sur cette rivière qu'on propose aujourd'hui ce nouveau canal, que pour faire reparaître au moins l'effigie d'un port à Saint-Valery.

Lorsqu'il ne s'agit plus que de fixer le cours de cette rivière, on trouvera peut-être des moyens moins grands, il est vrai, que ceux qu'on propose aujourd'hui, mais aussi moins dispendieux pour en retenir le lit.

Les officiers municipaux d'Abbeville espèrent que le conseil voudra bien prendre en considération les motifs qu'ils viennent d'établir de leur opposition ; ils se flattent même qu'il leur en saura gré : l'amour du bien public, leur confiance en la sagesse du ministre de la marine l'a suscitée, ils ont vu avec peine que ce ministre n'était pas spécialement consulté dans une affaire qui est absolument de son ressort,

et sur laquelle il a déjà tous les éclaircissements que son importance mérite, pourquoi ils attendent de la sagesse du
conseil qu'il ne permettra pas de creuser un nouveau lit à la
Somme, sans que la nécessité de cette entreprise ne soit évidemment démontrée, et qu'il ne soit préalablement décidé
lequel des deux ports doit avoir la préférence.

Les plans et opérations des officiers du corps Royal du génie, qui doivent être sous les yeux du ministre de la marine,
mettront à portée de décider sur le choix du port.

Et quant aux moyens d'améliorer la navigation de la
Somme, comme c'est un objet particulier à la province dont
on ne croit pas que le gouvernement se soit occupé, il est
indispensable que les mêmes officiers, qui ont opérés par
rapport à l'emplacement du port, indiquent les moyens et
déterminent s'il est absolument nécessaire de creuser un
nouveau canal.

Tel est le juste vœu de tous les corps de cette ville et no-
tamment du commerce, représenté par la chambre consulaire,
ce qui étonnera sans doute.

Il semblerait que la demande formée par la chambre du
commerce de Picardie aurait due être la demande et le vœu
du commerce de cette province, puisque cette chambre n'en
est pas la souveraine, mais l'organe ; mais son zèle l'a trom-
pée, non-seulement sur la nature de ses fonctions, mais
encore sur leurs limites ; elle a craint les longueurs et les
difficultés que son projet pouvait essuyer, si avant d'en de-
mander l'exécution elle en délibérait avec les villes commer-
çantes de la province, de sorte que pour cette fois, et sans
tirer à conséquence pour l'avenir, elle n'a pas cru essentiel
de requérir leur autorisation pour arrêter et présenter une
requête dont l'objet les intéresse essentiellement. Elle s'est
contentée de les aviser que cette requête était dressée, avec
la liberté, il est vrai, et même l'invitation d'envoyer à Amiens
pour en prendre communication : de sorte qu'il y a tout à la
fois irrégularité dans la demande et incompétence sur ses
objets.

7,549 — Abbeville, imp. R. Housse.

www.ingramcontent.com/pod-product-compliance
Lightning Source LLC
LaVergne TN
LVHW051502090426
835512LV00010B/2294